रानियाँ सब जानती हैं

रानियाँ सब जानती हैं

वर्तिका नन्दा

वाणी प्रकाशन

वाणी प्रकाशन

4695, 21-ए, दरियागंज, नयी दिल्ली 110 002

शाखा

अशोक राजपथ, पटना 800 004

फ़ोनः +91 11 23273167 फ़ैक्सः +91 11 23275710

www.vaniprakashan.in
vaniprakashan@gmail.com

RANIYAN SAB JANTI HAIN
by Vartika Nanda

ISBN : 978-93-5072-976-2
Poetry

प्रथम संस्करण 2015

मूल्य : ₹125

चित्रांकन : धर्मेन्द्र पारे

प्रिंटलैंड डिजिटल, दिल्ली-110 020 में मुद्रित

वाणी प्रकाशन का लोगो मक़बूल फ़िदा हुसेन की कूची से

याचक बनाते महिला आयोग,
उखड़ी साँसों की पुलिस की महिला अपराध शाखाओं,
ढुलमुल कचहरियों
और
बार-बार अपराध कर
गोल चबूतरे से थपकियाँ पाते
तमाम अपराधियों के लिए
जिन्हें जान कर भी चुप रहीं
रानियाँ

वो **रानी** थी। पर कुछ ही दिनों में **राजा** को महल में **एक नयी रानी की दरकार** हुई। रानी ख़ुद ही महल से बाहर चली जाती तो आसानी होती पर ऐसा हुआ नहीं। तब राजा ने **शतरंज की बिसात** बिछाई। सिपहसालार जमा किये। राजा महल में लाना चाहता था – **नयी रानी**। इसलिए जो रानी मौजूद थी, उस पर लगाये जाने लगे **आरोप–महल पर क़ब्जे, बदमिजाजी** और **संस्कार विहीन** होने के। रानी तब भी बहुत दिनों तक **डटी रही**। कोई जान न पाया राजा महल में किन सुरंगों को खुदवा रहा था। रानी चुप रही। बड़ी दीवारों ने सोख लीं सिसकियाँ। दीवारों को आदत थी। उधर पिछले दरवाजे से नयी रानी आ भी गयी।

बाहर की दुनिया जान न पायी–**नयी रानी** के लिए **पुरानी रानी** को **दीवार में चिनवाना** कब हुआ और कैसे हुआ।

दीवार में चिनवा दी गयी उसी रानी की है यह–कहानी। ज़माने गुज़र जायेंगें पर रानी की इस चीख को आप भूल न पायेंगें क्योंकि **सच** को जानती हैं–**रानियाँ। सिर्फ़ रानियाँ**।

अपमान–अपराध–प्रार्थना–चुप्पी...

रानियों के पास सारे सच थे पर ज़ुबाँ बन्द। पलकें भीगीं। साँसें भारी। मन बेदम। रानियों की कहानी किसी दिन एक क़िस्सागो ने सुनी तो सोचा–उनकी बात जितनी कह सकूँ, कह लूँ।

मैं वही क़िस्सागो हूँ। दर्द के उन क़िस्सों को मैंने कविता में कहने की कोशिश की है।

संयुक्त राष्ट्र के मुताबिक दुनिया की हर तीसरी औरत कभी न कभी किसी न किसी हिंसा की शिकार हुई है। *रानियाँ सब जानती हैं*–इसी हर तीसरी औरत का सच्चा दस्तावेज़ है। ये कविताएँ प्रार्थनाएँ हैं जो हर उस तीसरी औरत की तरफ़ से सीधे रब के पास भेजी गयी हैं। जवाब आना अभी बाकी है।

अपराध पर मेरे हर काम का निचोड़ यही रहा है कि जो कहा न जा सके, वह साँसों के साथ फ़िज़ा में घुल जाता है और अभेद्य मन्त्रों की थपकियों के साथ गुँथ कर जो आकार बनता है–वह है कविता। कविताओं की इन थपकियों का अपना एक सच है और सच की अपनी एक कविता। सच छिपा है, इसीलिए बची हुई है समाज की इज़्ज़त भी। समाज के कुछ पुरुषों के भीतर का अपराधी, संवेदनहीन व्यवस्था और मरी हुई औरत को बार-बार मारता पत्थर सरीखा क़ानून कम-से-कम कविता का गला तो घोंट नहीं सकता।

इन कविताओं के केन्द्र में चार शब्द हैं–अपमान-अपराध-प्रार्थना-चुप्पी। यह भाव अपराध और साज़िशों के सीलन भरे महल से गुजर कर निकले हैं। वे तमाम औरतें जो मारी गयी हैं, जो मारी जा रही हैं या जिनकी बारी अभी बाकी है, उनकी आत्माएँ इनके स्वरों से परिचित होंगी।

तिनका तिनका तिहाड़ के बाद इस बार रानियों की बात कहने का मन था। इन कविताओं को संग्रहित करने का मकसद सिसकियों को लाल धागे में बाँध कर खिलखिलाहट में बदल देना है ताकि दुख की सुरंग सुख के खलिहान में खुले।

यह संग्रह उन सभी राजाओं के नाम जिन्होंने रात के घुप्प अँधेरे में सच की चाबी को कहीं छिपा दिया है और साथ ही उन रानियों के नाम जो बादलों के सोखे गये सुख के अक्स को अपने सीने से चिपकाये बैठी हैं। वैसे चाबी जहाँ भी रहे, क़िले के बाहर से गुज़रते हुए अक्सर एक हूक सुनाई देती है। बाहर वाले शायद यह नहीं जानते कि क़िले के अन्दर बैठी रानी ऐलान कर चुकी है—थी. हूँ.. रहूँगी...

वैसे भी इस देश की काग़ज़ी इमारतों में न्याय भले ही दुबक कर बैठता हो लेकिन दैविक न्याय तो अपना दायरा पूरा करता ही है। राजा भूल जाते हैं—जब भी कोई विनाश आता है, उसकी तह में होती है—किसी रानी की आह!

इसलिए दुआ कि रानियाँ बची रहें। साथ ही बचा रहे—उनके मन में बिखरा गुलाल और लहँगे पर छितराये—मोरपंख। कम-से-कम उम्मीदों की पालकी को सजाये रखने पर तो राजा बंदिश नहीं लगा सकते न!

वर्तिका नन्दा

रानियों की तरफ़ से

फरवरी 2014

जो रानियों से सुना...

थी. हूँ.. रहूँगी...

ज़ुबाँ बन्द है
पलकें भीगीं
सच मुट्ठी में
पढ़ा आसमान ने
मैं अपने पंख ख़ुद बनूँगी
हाँ, मैं थी. हूँ.. और हमेशा रहूँगी...

महिला दिवस

इबादत के लिए उठे
भीगे हाथ
उसमें सूखे पत्ते
अपमान
धर्म
कर्म
भ्रम
और शर्म को भर लेने के बाद
जो जगह बची थी
उसमें औरत ने भर दी
एक छोटी-सी उम्मीद
बड़ी-सी चुप्पी
महिलाओं के दिवस, आज़ादी के उत्सव, अधिकारों के गान
यहीं से शुरू
यहीं पर ख़त्म

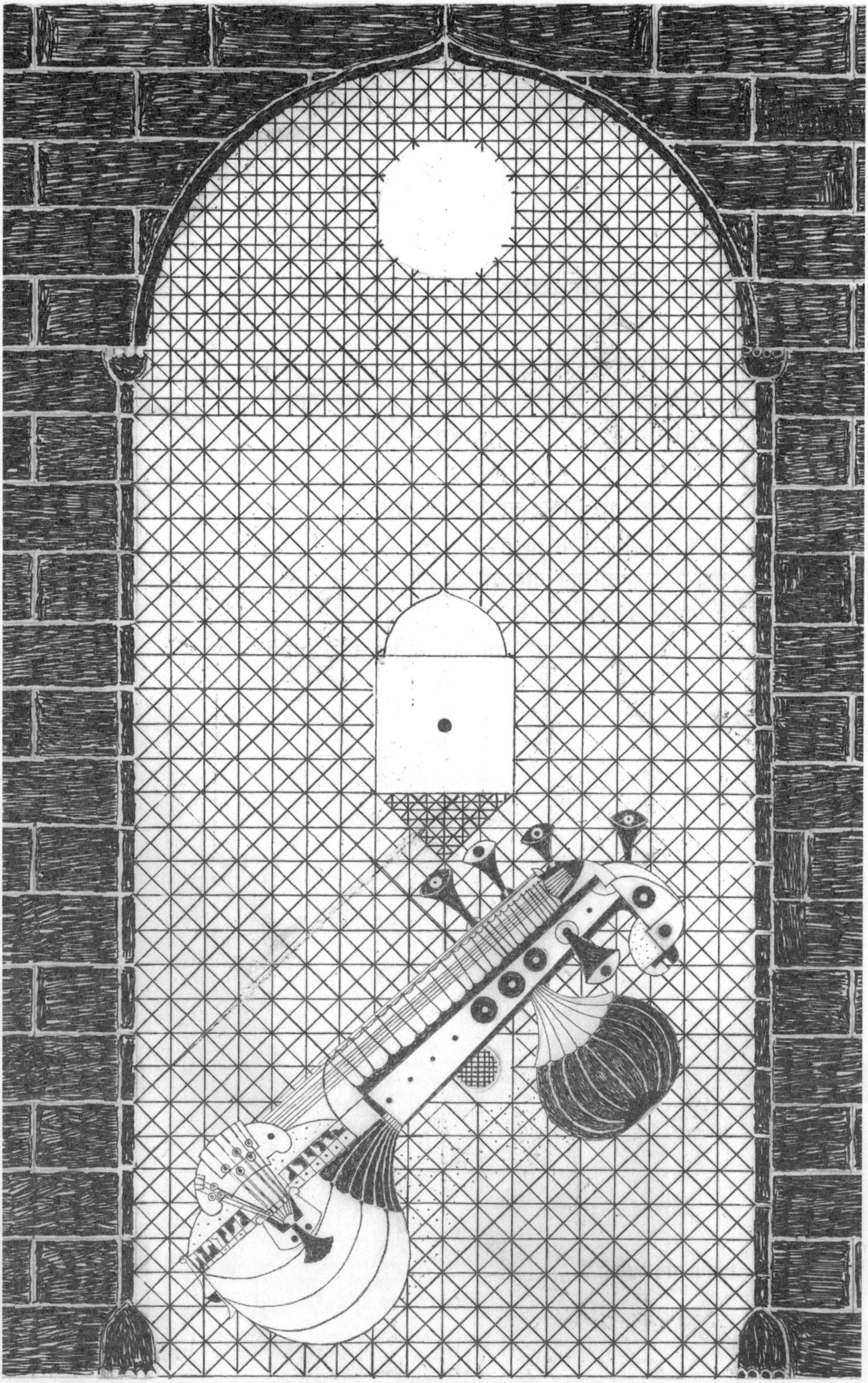

ज़मीन से आसमान तक

मैं अपनी कविता ख़ुद हूँ
यह कविता पीर से निकलेगी और कबीर तक जायेगी
काग़ज़ पर उतरे, न उतरे यह मेरा मरहम है
मेरे रिसते घावों की गलियों से गुजरते हुए
कम से कम मेरे अन्दर तो जम ही जायेगी
रास्ते में छिटक गयी तो तकरीर बन जायेगी...
यहाँ रुकेगी तो कुछ वीर बन जायेगी
मैं अपनी कविता ख़ुद हूँ
यह कविता पीर से निकलेगी और कबीर तक जायेगी

भरपाई

किस्मत में कोई छेद हो जाये
तो उसे तारों से भर देना चाहिए
सिल देना चाहिए सारे छेदों को
किसी सम्भावना के धागे से
अपराधों की छुअन से हुए छेद
बमुश्किल भरते हैं
छेद भरने से भी
अपराध की खराश तो बची ही रहेगी
पर इससे कम से कम
बेहतर दिनों की गुंज़ाइश तो बनी रहेगी

जो बचा रहा, वही

अजब संयोग है या दुर्योग
छूटी हुई प्रार्थनाएँ याद आती हैं
तीर्थों में छोड़ आयी थी उन्हें
लगा था—वे सुरक्षित रहेंगी और अपनी उम्र पा लेंगी
पानी पर लकीरें ही थीं
किसी की याद में आ गयीं हिचकियाँ
कोई थपकी ही थी किसी और छोर की
प्रार्थनाएँ सच हों, यह अनिवार्य कहाँ
फिर भी
फरेब की चोट से
टूट चुकी लकीरें भी
खुद में समाये रखती हैं—प्रार्थनाएँ

तारे

तारे
आसमान के सूराखों को भरते हैं

तारे
प्रार्थनाओं का दूर तक फैला टीला हैं
जो आसमान पर रोज़ उछाली जाती हैं
इनमें आँसू चिपके हुए हैं
और धोखे से छीन ली गयीं बिंदियाँ भी

तारे
झपकती आँखें हैं
टपकती उम्मीदें हैं
पथराई ज़मीन
जिन दस्तावेज़ों को सोख नहीं पाती,
वे तारों के हिस्से ही आती हैं

तारे
स्याह पड़ी स्लेट पर
सफेद-कोरी लकीरें हैं
इन तारों में है
अनकहे-अनसुने शब्दों की शब्दावली

तारे दरअसल
ज़मीन से आसमान के बीच की लम्बी सड़क हैं
बन्द, घुटी आवाज़ों का पिटारा हैं

शून्य हो चुके दिलों की
बची हुई धड़कन हैं

तारे
सफेद गुलाब हैं
इंसानी चश्मे
अपनी सुविधा के मुताबिक
भर देते हैं इनमें रंग
मानो पानी हों तारे

तारे
टूटे-काँपते दिलों के लिए
सपनों की उड़नतश्तरी हैं
न्याय की पिसी आस को
बचाये रखते हैं चमक से भरे
ठुनकते तारे

तारे
आँचल के फटे हुए टुकड़े
ओढ़ा दी गयी गालियों और
कचहरियों की उमस से
मरी औरत की
ठिठकी हुई ज़िन्दगी को
अन्तरिक्ष तक की उम्मीदों से भरते हैं

हर हिंसा के ख़ूनी छींटे
सरकारी पठारों और ज़मीनी नाटककारों को
भले ही छू न पायें
पर
तारे सोख लेते हैं उन्हें
और जोड़ते हैं उनमें कर्मों का हिसाब

तारों के पास
अनजाने मकबरों के पते हैं
खुली क़ब्रों की
दबी हुई कहानियाँ
हवा में छोड़ दी गयी बेचैन पतंगों के छिटके रंग
साँसों में बसी हुई लोरियाँ

तारों ने सैलाबों को सोखा है
साजिशों की तस्वीरें ली हैं

तारे आसमान की उम्मीदें हैं
औरत की पालकी

तारों के कहने की बारी
अभी आयी नहीं

वैसे ज़मीन पर अपराधों का छिपा रहना स्वाभाविक ही है
पर यह अन्तिम सत्य नहीं
तारों की कसी हुई मुट्ठी
की ताक़त का गवाह है—इतिहास

अच्छे दिन आ गये हैं

सत्ता बदल गयी है
आवाज़ें भी, चेहरे भी
शब्दनाद भी, शंखनाद भी
सत्ता के गलियारे में
नये दमकते चेहरों की आमद हुई है
हर सत्ता
कुछ प्रार्थनाओं के तीर्थ में ही
सपनों को यथार्थ बना पाती है
लेकिन
देहरी से बाहर फेंक दी जाती हैं जब प्रार्थनाएँ
तो उन्हें आहों का गोला बनने में भी समय कहाँ लगता है
सत्ताएँ जब अच्छे दिनों की बातें करती हैं
मन की कम्पन भी उत्साह से बढ़ती है आगे
घर के सामने के पेड़ से झर चुके पत्ते भी
जी उठना चाहते हैं फिर से
डरा मन
झूमने लगता है उम्मीदों के भरे-भरे बादलों से
पर औरतें अच्छे दिनों के वादे से सिहरती भी हैं
दिन जो भी हों, बस,
भरोसा और इज़्ज़त बनाये रखें
चूल्हे की रोटी
मन की शान्ति
फरेब से मुक्ति
आसमान का एक टुकड़ा मुट्ठी में भर
चाँद से बचपन की कहानी कह सकने

और मारे जाने की धमकी से
बची रहे अगर मजबूर औरत की मजबूती
तो अच्छे दिन दूर कहाँ

उम्मीदों से भरे-भरे अंगूरों के गुच्छे-से दिन
कितने अच्छे होते हैं दिन

शऽऽऽऽऽऽऽऽऽऽऽऽऽ...

औरत की चुप्पी नानक है, कबीर है, कृष्ण है
काबे की अजान, गुरुद्वारे का शबद, चर्च की प्रार्थना,
मन्दिर की छनछनाती घंटी भी

ये चुप्पी शक्तिपीठ है
मन्नतों के पसीने की पोटली भी

धर्मों की मुट्ठी होती है चुप्पी
सारे धुनों की थिरकन चुप्पी
पाँव की बिवाइयाँ चुप्पी

चुप्पी में नमक
खारा समन्दर पूरा का पूरा

इस चुप्पी में अवाक् ख़ून रिसता है
अपमान भी
अनकहे दर्द
काँपते सच से लबालब नदियाँ

चुप्पी में औरत का बनाया बुद्ध है
चुप्पी में सारे सपने
चुप्पी में हठ
चुप्पी में लाज
चुप्पी में मर्यादा
चुप्पी में चुप, सब कुछ चुप

औरत चुप्पी को रोज़ आटे में गूँध कर
अन्दर निगल लेती है
सुलगती है, कटती है, सहती है
और चुप्पी के साथ बहती है

चुप्पी इतिहास की इज़्ज़त
वर्तमान के षड्यन्त्रों के चक्रव्यूह
और भविष्य की सम्भावित उतरनों के बलात्कार को
रोके रखती है

देश और घर
इसी चुप्पी के भरोसे
भरते हैं
साँस।।।।।।

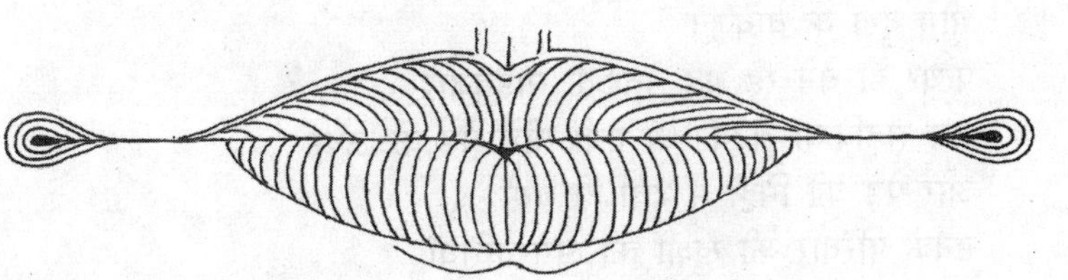

•
• •

वो लड़कियाँ *

पेड़ पर दो लड़कियों के शव लटके हुए मिले
उनके साथ बलात्कार हुआ था
फिर उन्हें मार डाला गया—
यह टीवी और अख़बार की ख़बर है
कोई भी ख़बर
असल में ख़बर का सिर्फ़ सिरा ही तो देती है
उससे आगे कहाँ जा पाती है वो
ख़बर कहाँ बता पायी बदायूँ की उन दो लड़कियों का दर्द
ख़बर कहाँ कह पायी कि बड़े नेता ने कुछ ही दिन पहले कहा था
लड़कों से हो जाती हैं गलतियाँ
इन लड़कियों के शरीर से बाहर रिसते
भीगे दुख के बावजूद
पत्थर ही बने रहे बड़े नेता के साहबजादे
जब लड़कियाँ लटका दी गयीं सीधे पेड़ के ऊपर
और पेड़ की मिट्टी में दबा दी गयीं
उनके परिवार की खुशी की अगरबत्तियाँ
तब सियासत गाती रही अपने पुराने पिटे हुए गान
लड़कियाँ लटकी रहीं पेड़ पर
पुलिस पूछती रही जात
पिटती रही माँ
और धर्म और शर्म
घूँघट लिए खड़े रहे चौराहे के सामने लगे लोकतन्त्र के पेड़ के नीचे
यह दो लड़कियाँ ही नहीं हैं
जिनके लटके पड़े हैं शव
यह भविष्य हैं उन लड़कियों का जिनके पिता न नौकरशाह, न नेता

ये शव तमाचा हैं
उन सरकारी पोस्टरों पर
जो कहते हैं—लड़कियाँ इस देश की धरोहर हैं
जो हाथ इन लड़कियों को लटका गये होंगे पेड़ पर
उन पर थूकने का भी मन नहीं
बेवजह बर्बाद होगा थूक
नाली में बह जायेगा आक्रोश
पर कुछ चीज़ें कभी बेकार नहीं जातीं
जैसे, बेकार नहीं जायेंगी
इन लड़कियों की घोंटी हुई चीखें
भुतहा आँखों से देखते खँडहरों पर
चिपकी चीखें
समय आने पर हिसाब लेंगी ही
तब तक गाते रहो—
बेटी बचाओ, बेटी पढ़ाओ

(बदायूँ की लड़कियों के नाम)

शब्द

अपमान में मिले शब्दों का गोला बनाकर
उसमें सच के मनके फेरकर
आग में तपाकर
दिल में रख भर लेने से
अथाह शान्ति मिलती है
अपराधी से जूझते जो शब्द ज़ुबाँ से बाहर नहीं आ पाते
वही लम्बा जीते हैं

रानियाँ सब जानती हैं

उनकी आँखों में सपने तैरते ही नहीं

वे भारी पलकों से रियासतें देखती हैं
सत्ताओं के खेल
राजा की चौसर

वे इन्तज़ार करती हैं
अपने चीर हरण का
या फिर आहुति देने का

वे जानती हैं
दीवार के उस पार से होने वाला हमला
तबाह करेगा सबसे पहले
उनकी ही दुनिया

पर वे यह भी जानती हैं
गुलाब जल से चमकती काया
मालिशें
खुशबुएँ
ये सब चक्रव्यूह हैं

वे जानती हैं
पत्थर की इन दीवारों में कोई रोशनदान नहीं
और पायल की आवाज़ में इतना ज़ोर नहीं

चीखें यहीं दबेंगी
आँसू यहीं चिपकेंगे
मकबरे यहीं बनेंगे

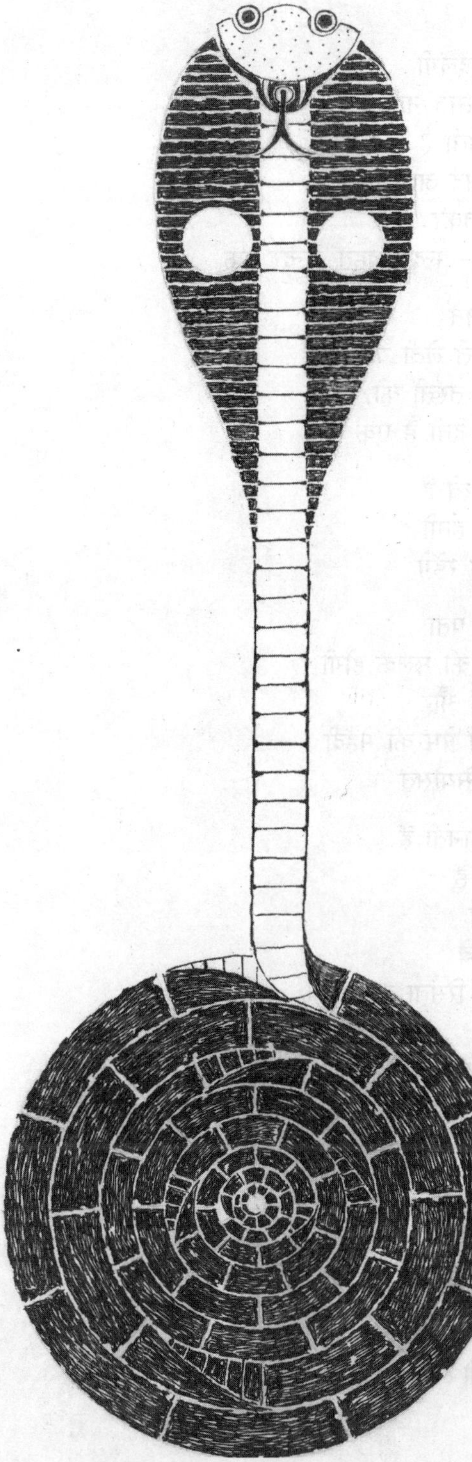

तारीखें यहीं बदलेंगी
पर उनकी किस्मत नहीं
रानियाँ बुदबुदाती हैं
गर्म दिनों में सर्द आहें भरती हैं
सुराही सी दिखकर
सूखी रहती हैं—अन्दर, बहुत अन्दर तक

राजा नहीं जानते
दर्द के हिचकोले लेती यही आहें
सियासतों को, तख्तों को,
मिट्टी में मिला देती हैं एक दिन

राजा सोचा करते हैं
दीवारें मजबूत होंगी
तो वे भी टिके रहेंगे

राजा को क्या पता
रानी में खुशी की छलक होगी
मन में इबादत और
हथेली में सच्चे प्रेम की मेहँदी
तभी टिकेगी सियासत

रानियाँ सब जानती हैं
पर चुप रहती हैं
आँखों के नीचे
गहरे काले धब्बे
भारी लहँगे से रिसता हुआ ख़ून
थका दिल
रानी के साथ चलता है
तो समय का पहिया कँपकँपा जाता है

सियासतें कँपकँपा जाती हैं
तो राजा लगते हैं दहाड़ने
इस कम्पन का स्रोत जानने की नर्माहट
राजा के पास कहाँ है

रानियाँ जो जानती हैं
वे राजा नहीं जानते
न बेटे
न दासियाँ

हरम के अन्दर हरम
हरम के अन्दर हरम
तालों में
सीखचों में
पहरे में

हवा तक बाहर ठहरती है
और सुख भी

रानियाँ सब जानती हैं
पर मुस्कुराती हैं
मुस्कुराहट चस्पां है
बाकी भाव भी बाहर हैं पत्थरों की दीवारों के
दफन होंगे यहीं

रानियाँ जानती हैं
चाहे कितनी ही बार लिखे जायें इतिहास
फटे हुए ये पन्ने उड़कर बाहर जा नहीं पायेंगे

रानियों के पास सेना नहीं है
सत्ता नहीं
राजपाट भी नहीं
लेकिन उनके पास सच है

मगर अफ़सोस!
सच के सन्दूकों की चाबी भी
राजा के ही पास है

हाँ, रानियाँ ये भी जानती हैं

छल्ले

चाबी के छल्ले में जन्नत थी
लोरियाँ, अचार की खुशबू, सुबह की खनक, रात की चुहल
छल्ले की छुन-मुन में
परम्परा की महक थी
आस का विश्वास, पति का आदर, रुतबा स्नेह का
छल्ले में सिर्फ़ चाबियाँ न थीं
मायके से ससुराल तक की सड़क थी
कभी आने वाली बहू की पायल थी
छल्ला ज़िन्दगी का सुर बदल देती है
शरीर से चिपका छल्ला
साँस के साथ चढ़ता-उतरता
कम्पन महसूस करता
सोने-चाँदी-ताँबे के छल्ले
सपनों के बल्ले
मन के रसगुल्ले हैं

छल्ले खो गये हैं बादलों के सन्दूक में शायद
छल्ले पर नमकीन बूँदें जब ढुलक जाती हैं
तब परिवार का भूगोल और भविष्य बदलने लगता है

कवि

उस कवि को देखकर लगने लगा है
कि
सबसे बेकार काम है कविता लिखना
और फिर उसे छपने भेजना
और छपा देखकर इतराना
मान भी लेना
कि जहाँ रवि न पहुँचे, वहाँ पहुँचे हम
कवि सम्मेलनों में एक ही कविता को बार-बार पढ़ लेना
और पुराने नोटों के नये पैकेट पा लेना
पुरजोर कोशिश करना कि
कवि सम्मेलन तो हो
पर बाकी कवि न हों
पाठ हो
तो श्रोता सिर्फ़ अपने लिए हों
और हर बार
जो रहे सत्ता या शीर्ष में
उसी से मिल जाये
कोई इनाम
इस सबमें जो अक्सर गुमशुदा हो जाती है
वह है कविता
मानवीयता की शून्यता से उपजती
औसत औरत जैसी उजड़ी कविता
भला होती है कोई कविता?

उस कवि को देखकर लगने लगा है
कि
सबसे बेकार काम है कविता लिखना

चीख के साथ ऐलान

(1)
टूटने, बिखरने
और फिर से जुड़ने के बाद
औरतें
अक्सर अपना एक अलग शहर बसा लेती हैं
चुप्पी की नींव पर बने
इन शहरों की उम्र
उन पर हुए ज़ुल्मों से बड़ी होती है

इन शहरों का पता
सरकारी नक़्शों पर नहीं दिखता

(2)
अब इन शहरों को खोजने की दरकार नहीं मुझे
एक पूरा शहर बसा लिया है मैंने अपने अन्दर
औरत हूँ
हड़प्पा से अब तक
घर ही तो बसाती आयी हूँ
पर
अब शहर बसा लिया है
इस शहर में न राजा, न पुलिस
न धर्म, न देश के झंडे

अपने शहर में दुबक कर
नहीं चलती मैं
इस शहर का पता
सिर्फ़ तितलियों के पास है
हवा और चाँद के पास
और ये किसी सरकार के सारथी नहीं

मानव अधिकारों की श्रद्धांजलि-1

श्रद्धांजलियाँ सच नहीं होतीं हमेशा
जैसे ज़िन्दगी नहीं होती पूरी सच

तस्वीर के साथ
समय तारीख़ उम्र पता
यह सरकारी सुबूत तो होते ही हैं
पर
यह कौन लिखे कि
मरने वाली
मरी
या
मारी गयी

श्रद्धांजलि में फिर
श्रद्धा किसकी, कैसे, कहाँ
पूरा जीवन वृत्तान्त
एक सजे-सजाये घेरे में?

यात्रा के फ़रेब
षड्यन्त्र
पठार
साँपों की चाल
श्रद्धांजलि नहीं कहती
वो अख़बार की नियमित घोषणा होती है

एक इश्तिहार
ज़िन्दगी का एक बिन्दु
अफसोस
श्रद्धांजलि जिसकी होती है
वो उसका लेखक नहीं होता
इसलिए श्रद्धांजलि कभी भी पूरी नहीं होती

सच, न तो ज़िन्दगी होती है पूरी
न श्रद्धांजलि
बेहतर है
जीना बिना किसी उम्मीद के
और फिर मरना भी

परिभाषित करना खुद को जब भी समय हो
और शीशे में अपने अक्स को
ख़ुद ही पोंछ लेना
किसी ऐतिहासिक रूमाल से
प्रूफ़ की गलतियों, हड़बड़ियों, आन्दोलनों, राजनेताओं की घमाघम के बीच
बेहतर है
ख़ुद ही लिख जाना
अपनी एक अदद श्रद्धांजलि

(17 जनवरी 2014 को सुनन्दा पुष्कर की हत्या पर, उसी दिन)

मारी गयी औरतें-2

मारी गयी औरतों की कहानी तो इतिहास भी नहीं लिखता
इतिहास आँखें मूँदे रखता है
बड़े गुरुओं की ही तरह
उन तमाम सवालों पर
जो तीखे हो सकते हैं

इतिहास रेत पर पानी नहीं डालता
पानी पर रेत नहीं

मारी गयी औरतों की कहानी कहने का जोखिम
इतिहास नहीं उठाता
हिम्मत की कमी तो
वर्तमान में भी बनी रहती है हमेशा
वर्तमान तराजू लिए चलता है
और क़िस्से कहता है
राजनीति, दबाव और प्रभाव के बीच
मारी गयी औरतें
हमेशा सस्ती और हलकी पड़ती हैं
भविष्य दूर खड़ा इन पन्नों को
चुपके से छिपा दिये जाने का साक्षी रहता है हमेशा
पर गवाही वह भी नहीं देता

अतीत, वर्तमान और भविष्य
मारी गयी औरतों को लेकर
शब्दों के हेर-फेर, जोड़-तोड़ और हिसाब में माहिर रहे हैं

विधिवत सजाये गये इन सारे मंसूबों के बावजूद
मारी गयी औरतों के गले शरीर
कभी भी
पूरी तरह ख़त्म नहीं होते
जिन आपदाओं की वजहों को खुरचने में
क़ानून के सारथी थक जाते हैं
उनके सीने में
उन्हीं औरतों की कम्पन होती है
जो मारी जाती हैं उनके हाथों
जिन्हें बचाने की जुगत में
सतत भिड़े रहते हैं–
अतीत, वर्तमान और भविष्य

(17 जनवरी 2014 को सुनन्दा पुष्कर की हत्या पर, उसी दिन)

जो वापसी कभी न हुई-3

गाना गाते हुए
घर लौटी औरत
इठलाती, महकती भरी-भरी सी
घर लौटी औरत

मन में नाचती, आँखों से नहाती
घर लौटी औरत

मटकी ज़मीन पर रखकर
चूल्हे से जूझती
ज़मीन पर जब तक लेटी औरत
तब तक बुझी लालटेनों
सिसकती किस्मत के बीच
कौन जाना
कब
घर लौटी औरत

औरत को मार डालने का सुख असीम होता है
टुकड़ों में काट-काट कर
पीस कर, दबोच कर, नोच कर
घिस कर, छील कर
उससे भी ज़्यादा सुख नसीब होता है
जब वो मरती है घुलकर

चुप रहकर
शान्त दिखकर
उदासी ठेलकर
मन में हिमालय की परतें जमाकर
सारे समन्दर सोखकर

मारने वाला अक्सर
एक ही बात भूलता है बार-बार
नाख़ूनों के अन्दर तक
सच को छिपाये औरत
कभी पूरी नहीं मरती
उसके पूरे न मरने से ही
सूखे कुओं पर
आसमान ओढ़े रहता है
शर्मसार घूँघट

जिस पनघट औरत जाती है
शुरू होता है वहीं से संगीत
और श्मशान को लगता है पूर्ण विराम

निचोड़े गये तन से बाहर आयी औरत
फिर सिर्फ़ एक औरत नहीं होती।

(17 जनवरी 2014 को सुनन्दा पुष्कर की हत्या पर, उसी दिन)

गुमशुदा की तलाश*

ये लड़कियाँ कहाँ जाती हैं
लापता होने पर
और पता होने पर भी
कैसे पता नहीं
ख़ुद अपने हाशिये पर सरकी रहती हैं लड़कियाँ

हाँ, कुचली किस्मत की लड़कियों का
कोई पता होता ही नहीं

पता हो जाये
मिल जाये ये लड़कियाँ कहीं
तो वो ख़ुद ही सोचती हैं—
अब तो पूरी तरह से
लापता ही हो गयीं लड़कियाँ

लड़कियाँ पैदा ही होती हैं क्या लापता

पर सरकार कहती है

लड़कियाँ अपना पता ख़ुद बनाती हैं
लड़कियाँ अपना पता ख़ुद होती हैं
लड़कियों से ही बनते हैं देश के नक़्शे
लड़कियों से ही लिखी जाती हैं इबारतें

**पुलिस के गुमशुदा तलाश केन्द्रों के नाम।*

जहाँ लड़कियाँ मुस्कुराती हैं
वहीं से शुरू होती है
आज़ादी
क्योंकि आज़ादी की आँखें होती हैं
लड़कियाँ

लड़कियों के नाम
लिखे गये निबन्ध
वाकई
सुन्दर होते हैं

मेरे समय की औरतें*

लड़कियाँ फुटबाल की तरह उछल कर खेल लेती हैं इन दिनों
और अपने सीने में सीलन को दबाये
मुस्कुरा भी लेती हैं

लड़कियों के पास अब अपना एक आसमान है
अपनी पगडंडी
अपनी कुटिया
अपनी हँसी
अपना दुपट्टा

समय के साथ बदल गयी हैं लड़कियाँ

कालेज के बाहर भेलपूरी खाते हुए
यहाँ-वहाँ झाँकतीं नहीं वे

ख़ुश रहने लगी हैं लड़कियाँ
अपमान पी गयी हैं लड़कियाँ

हाँ, बदल गयी हैं लड़कियाँ
जी ही लेती हैं लड़कियाँ

**कात्यायनी की 'हाकी खेलती लड़कियाँ' से प्रेरित कविता।*

थोड़ा सा पानी

थोड़ा सा पानी, थोड़ी खुशी
थोड़ी हँसी, थोड़ी नमी
सब मिला कर बन गयीं ये

थोड़ा सा रेशम, थोड़ी सी शबनम
थोड़ी कोशिश, थोड़ा डर
थोड़ी उड़ान, थोड़ी थकान
थोड़ी भटकन, थोड़ी हवा
सब मिला कर बन गयीं ये

अपना शहर बसा लेती हैं
अनजाने टीलों पर
महल सजा लेती हैं ये
छीनी हुई ग़ज़ल पर
मेहँदी सजा लेती हैं ये
किसी भी देहरी पर

काग़ज़ की कश्ती को
आसमां पे ठेलेंगी
सूखे हुए मरुस्थल में भी
मन के गीत गा ही लेंगी
मर-मर कर जीते-जीते
फन्दे भी सुलझा ही लेंगी
तभी तो
थोड़ी खुशी और थोड़ी हँसी
मिला कर बन जाती हैं ये

मीडिया की निर्भया-1

औरत होना मुश्किल है या चुप रहना
जीना या किसी तरह बस, जी लेना
शब्दों के टीलों के नीचे
छिपा देना उस बस पर चिपकी चीखें, कराहें, बेबसी, क्रूरता
छीलता अट्टहास
उन पोस्टरों को भींच लेना मुट्ठी में
जिन पर लिखा था—हम सब बराबर हैं
पानी के उफान में
छिपा लेना आँसू
फिर भरपूर मुस्कुरा लेना
और सूरज से कह देना
मेरे उजास से कम है वो
कैलास की यात्रा में
कुरान की आयतें पढ़ लेना
इतने सामान के साथ
साल दर साल कैलेंडर के पन्ने बदलते रहना
काग़ज़ों के पुलिन्दे में
भावनाओं की रद्दी
थैले में भरी तमाम भद्दी गालियाँ
और सीने में बसी वो लाल बिन्दी
और सामने खड़ा—मीडिया

इस सारी बेरंगी में
दीवार में चिनवाई पिघली मेहँदी

रिसता हुआ पुराना मानचित्र
बस के पहिये के नीचे दबे मन के मनके और उसके मंजीरे
ये सब दुबक कर ख़ुद को लगते हैं देखने...

इतना सब होता रहे
और तब भी कह ही देना कि
वो एक खुशी थी
किसी का काजल, गजरा और खुशबू
नाम था—निर्भया!

मीडिया की निर्भया-2

नाटकों के माहिर नाटककार
निर्भया की याद के काग़ज़ी फंड
स्टोरी पे स्टोरी
सारा झूठ, कोरा झूठ
वो न मरती उस दिन तो सड़ती
अदालतों के चक्कर काटती
बार-बार लुटती, पिटती, कराहती
अपराध से गुजरी महिला कभी दुबारा जीती नहीं
साँसें भर भी रही हो तो भी
वो जीती नहीं
वो नहीं होती पहले जैसी, हो ही नहीं सकती
अपराधी भी नहीं रहता पहले जैसा
बदलता है वो भी
और वहशी और ताकतवर हो जाता है
अपराध की गलियों से गुज़री औरतें
एक शून्य होती हैं
एक सवाल
जिसे अन्यमनस्क स्थिति में
ढोती चलती है वो

सरकारी झूठों, बेशर्म क़ानून और सम्मानित अपराधियों पर
न चीख असर करती है
न सीख

निर्भया सरकारी पोस्टर है
मीडिया की स्टोरी का पैकेज

बेटी पढ़ाओ, बेटी बढ़ाओ

कठपुतली*

सपनों के शहज़ादे की तलाश का अन्त हो चुका है अब
तमाम चेहरे
नौटंकियाँ
मेले
हाट
तमाशे
पुलिस और कचहरियों में बिकते झूठ
देखने के बाद
अपना चेहरा बहुत भला लगने लगा है
सुन्दर न भी हो
पर मन में एक सुर्ख लाल बिन्दी है अब भी
हवन का धुआँ
और स्लेट पर पहली बार उकेरा अपना नाम भी

सब सुन्दर है
सत्य भी, शिव भी और अपना अन्तस भी

खुद से प्यार करने का समय
शुरू होता है—अब!

---

*एसिड अटैक से पीड़ित युवतियों के नाम।

औरत : बादलों के बीच*

हर औरत लिखती है कविता
हर औरत के पास होती है एक कविता
हर औरत होती है कविता
कविता लिखते-लिखते एक दिन खो जाती है औरत
और फिर सालों बाद बादलों के बीच से
झाँकती है औरत
सच उसकी मुट्ठी में होता है
तुड़े-मुड़े काग़ज़-सा
खुल जाये
तो काँप जाये सत्ता
पर औरत
ऐसा नहीं चाहती
औरत पढ़ नहीं पाती अपनी लिखी कविता
पढ़ पाती तो जी लेती उसे

इसलिए बादलों के बीच से झाँकती है औरत
बादलों में बादलों सी हो जाती है औरत

**जी.बी. रोड की महिलाओं के नाम।*

चुप्पी के बीच ठिठकी एक औरत

(1)
शहर के शोर के बीच
सड़क के दोनों किनारों पर चुप्पी पसरी रहती है
यही चुप्पी है
जो शहर की इज़्ज़त को
बचाये रखती है

औरत और किनारे
एक ही जैसे होते हैं, कमबख़्त

(2)
कमरे की खिड़कियाँ और रौशनदान
बन्द कर दिये हैं
कुछ दिनों के लिए

हवा ताज़ा हो तो
हमेशा ऐसा नहीं होता

बाहर का बासीपन कमरे में आता है
तो चेहरे पर पसीने की बूँदें चिपक जाती हैं

बन्द कमरे में अलमारी के अन्दर
सच के छोटे-छोटे टुकड़े
छिपा दिये हैं
लब अब भी सिले हैं

जिस दिन खिड़कियाँ खुलेंगी
लब बोलेंगे
लावा फूटेगा
हवा काँप उठेगी

नहीं चाहती काँपे बाहर कुछ भी
इसलिए मुँह पर हाथ है
दिल पर पत्थर

सब्ज़ी

जलती लकड़ी के छोटे गट्ठर
चूल्हे को ज़िन्दा रखते हैं
मैं उस पर रखी कड़ाही हूँ
जब तक लकड़ी जलेगी
मैं भी पकती रहूँगी
जिस दिन लकड़ी जलना छोड़ेगी
और मैं पकना
घर की चक्की रुक जायेगी

परत दर परत
एक-दूसरे पर चढ़ी हुई
दुखों की लकड़ी राख नहीं होती
रोज़ नये दुख उग आते हैं
रोज़ मरकर भी
जी उठती है कड़ाही

ज़रूरी है हम दोनों सुलगें रोज़ ही
गृहस्थी की पहली शर्त
औरत का सुलगना
और भरपूर मुस्कुराना ही है

औरत शर्तें नहीं भूलती

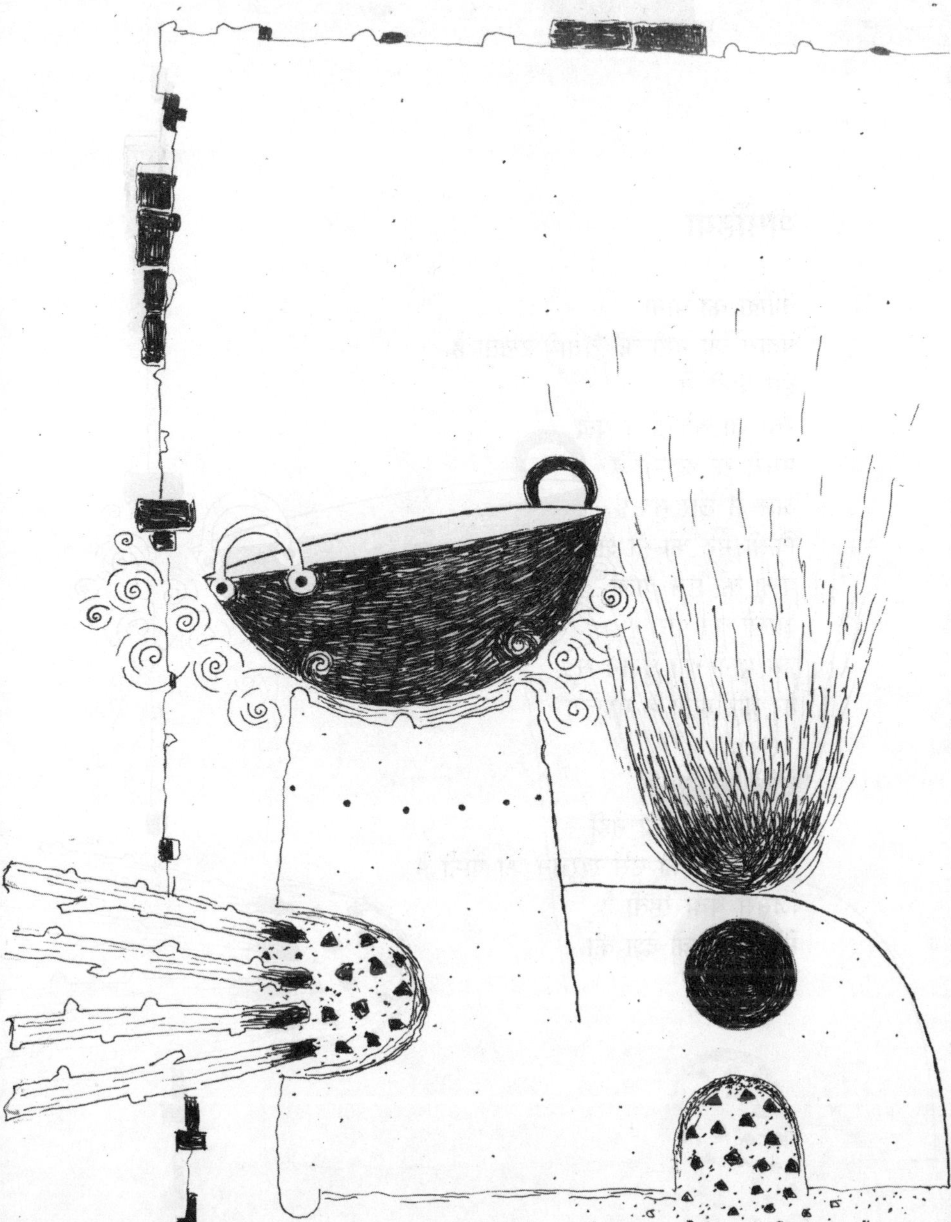

शर्मोहया

आँखों का पानी
पठारों की नमी को बचाये रखता है
इस पानी से
रचा जा सकता है युद्ध
पसरी रह सकती है
ओर से छोर तक
किसी मठ की-सी शान्ति
पल्लू को छूने वाला
आँखों का पोर
इस पानी की छुअन से
हर बार होता है महात्मा

समय की रेत से
यह पानी सूखेगा नहीं
यह समाज की उस खुरचन का पानी है
जिससे बची रहती है
मेरे-तेरे उसके देश की
शर्म

पानी-पानी

इन दिनों पानी को शर्म आने लगी है
इतना शर्मसार वो पहले कभी हुआ न था
अब समझा वो
पानी-पानी होना होता क्या है
और घाट-घाट का पानी पीना भी

वो तो समझ गया
समझ के सिमट गया
उसकी आँखों में पानी भी उतर गया
जो न समझे अब भी
तो उसमें क्या करे
बेचारा पानी

स्लेट

एक जिद्द थी
कि मेरे पास भी हो एक स्लेट
और एक टुकड़ा चॉक
क्या लिखना था उसमें
यह पता नहीं था
पर कुछ तस्वीरें थीं दिल में
वो पसर जाना चाहती थीं
इस स्लेट पर

स्लेट ने जैसे पूरा आसमान ही खोल दिया था
छोटे से उस आकार में
समाना चाहता था पूरा बचपन

इतनी क्यारियाँ पता नहीं कहाँ से उमड़ आयीं उस स्लेट पर

इतनी बार मिट कर भी
स्लेट की .खुशबू कायम रही

उसी स्लेट को ढूँढ़ रही हूँ मैं...

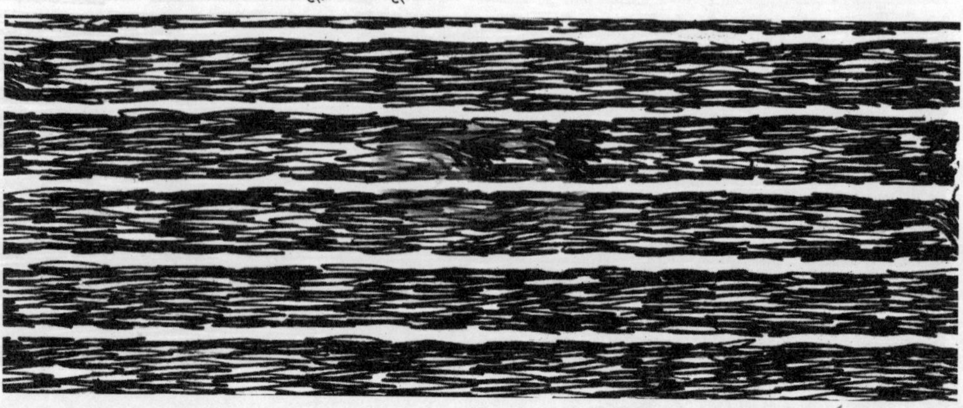

तिनका तिनका तिहाड़

(जेल नम्बर 6, तिहाड़ जेल)

ये कमला, ये सरला
ये माया, ये साया

कोठरियों में हैं ये
इन्होंने भी देखे होंगे
कभी शहज़ादों के सपने
सोचा ही होगा
मीठी है ज़िन्दगी

पर
समाज के नियम कड़े थे
और फ़रेब बड़े थे
जो किस्मत मिली थी
उसमें गहर फन्दे थे
गुजरती सुबहों के बीच
एक दिन सूरज डूबा
तो फिर मिला नहीं

पर फटे आँचल में
उम्मीद का एक टुकड़ा
अब भी जड़ा है
जेल नम्बर 6
इन सबके डर से कहीं बड़ा है

तिनका तिनका ज़िन्दगी

सुबह से शाम तक
तिनके जोड़ती हूँ मैं
कि घर बना सकूँ
ख़ून से लथपथ
अनकहे अपमान से भारी
बहुत से तिनके

तिनकों की भाषा कोई नहीं
सरहद भी नहीं

पर महीन रिश्तों की बारीक रेखा

तिनके मन के हैं
तिनके तन के हैं
तिनके अनमने हैं
तिनके अपने हैं

तिनके समझते हैं सब
फ़रेब की पहेलियों की कहानी जानते हैं तिनके

पर तिनके चुप रहते हैं

तिनकों की यही ओढ़नी
ढके रहती है कायनात को

अपराधी की खुशनसीबी
कि
तिनकों में धड़कती है—शर्म

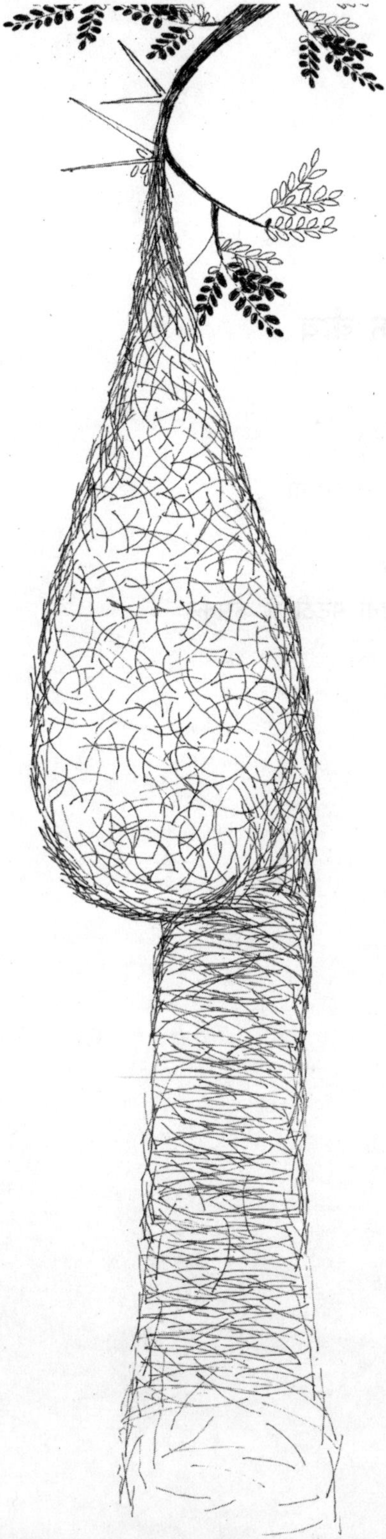

कल और आज के बीच

मैं चलूँ क्यों
मैं तो उड़ूँगी
मैं कल का इन्तज़ार भी न करूँगी
मैं आज हूँ
आज ही उड़ूँगी उस पार
नभ के वे सारे तारे अपनी मुट्ठी में कसकर

जो भी है
आज ही है
कल हो न हो

दुख

(1)
दुखों को पुराने कपड़े में डाला
कूटने के बाद निकले काँटे, ख़ून में सने
फिर खारा, बहुत खारा पानी
उसके बाद दुख, दुख न रहा

(2)
किताब में दुख की तस्वीरें थीं
अयोध्या, भोपाल, संसद, सड़क
कुछ खँडहर, कुछ भटके मरहम
आँख-मिचौली में दुख जब छिप जाता है
थमी हुई साँसें
लिख देती हैं तब
कुछ ऐतिहासिक इबारतें

(3)
दुख गीला होता है
अथाह
तमाम षड्यन्त्रों के बीच
पीला भी पड़ता है दुख
सूखने के बाद
चोला बदलकर

सुख भी देता है दुख
दुख को छील दो
पत्थर के नाख़ूनों से
कातर करने वाला दुख
जब ख़ुद हो उठता है कातर
तब समझ में आता है
दुख को बौनेपन का मतलब

दो सौतनें

रूहानी रिश्ते की वो दो औरतें
अलग ही तो थीं
समय की दूरबीन से झाँकतीं
गीले पोरों में इतिहास की स्मृतियाँ अन्दर सोखतीं
चुप रहतीं

दोनों का रिश्ता सार्वजनिक न था
और रिश्ते में सहेलीपना भी न था
किसी तीसरे से ख़ून का रिश्ता भी मिलाप की वजह न था

दोनों औरतें
दर्द, अपमान, बिछोह से जुड़ी थीं
दोनों का अपराधी भी एक
साथ हुआ अपराध भी

साझे पति के प्रेम में बहती औरतें
अपनी सूली ख़ुद लिए चला करती हैं
ऐसी दो औरतें
कहा नहीं करतीं
वे होती हैं एक अलिखित कहानी
ख़ुद ही कथावाचक
ख़ुद ही श्रोता

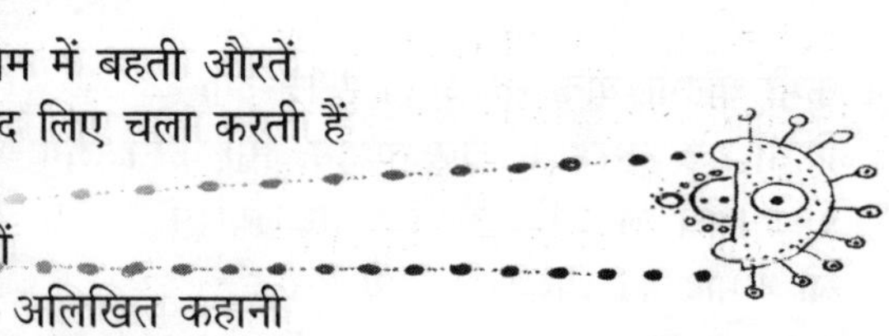

मॉडल टाउन

इंडिया हैबिटैट सेंटर लगती है
कई बार ज़िन्दगी

रंग से भरी, किसी लय में कुछ करती, सक्रिय दिखती

कभी ज़िन्दगी प्रगति मैदान का पुस्तक मेला
ठेलते हुए लोग
ठेले जाते हुए लोग
लदे-फदे
ऊर्जा से भरपूर अपनी लिखी किताब देखते
दूसरों की किताब में सुख की बूँदें पाते
तृप्त

कभी चाँदनी चौक सी लगती है ज़िन्दगी
किसी बड़े उत्सव के लिए सामान जमा करते लोग
दहेज बाँधे छोटी दिखती बड़ी पोटलियों में
जो दामाद को शायद ही आये पसन्द

ज़िन्दगी कभी चौराहा भी लगती है
लाल चौक का
या जालन्धर शहर का

कहीं भाग कर
गोल घूम कर
पहुँचना है किसी जगह
जाने कहाँ

इतना कुछ लगा करती है ज़िन्दगी
ज़िन्दगी असल में लगती कब है ज़िन्दगी

आह

तमाम फ़िल्मी गानों के बीच
रूमानियत प्रेम सद्भाव स्नेह ममता विद्रोह
हर गीत ने हर बार अपनी ज़िन्दगी की फ़िल्म ही चला दी

आसान तो होता ही है किसी दूसरे की फ़िल्म को देखना
रात में खाना खाकर
पान के साथ उसे चबा जाना

किसी दूसरे की तड़प, बेचारगी, विद्रूपता, अनिश्चय
सभी को
मजे से पचा लेना
और सिनेमा हॉल की कुर्सी से हाथ पोंछ कर
बाहर निकल आना

पॉपकॉर्न के साथ हजम कर जाना
फ़िल्म में दिखता सन्देह, अपमान, चालाकी और धूर्तता
और अगली सुबह फिर अपने अन्दर के अपराधी को जगाकर
सच को पूजा की थाली के नीचे छिपा
दफ़्तर चले आना

फिर चाय के साथ पकौड़ों की तरह
बात कर लेना उस फ़िल्म पर
और अख़बार में पढ़ी समीक्षा और उसमें टँके सितारों पर भी
जमा देना
अपनी एक छोटी सी टिप्पणी

पर दोस्त
ज़िन्दगी फ़िल्म कहाँ होती है
और उसका अन्त भी कहाँ होता है इतनी सहजता से

ज़िन्दगी फ़िल्म की पहली रील भी नहीं
जिसमें सेंसर बोर्ड का ठप्पा लगा हो
और न ही वह विराम
जो पल भर के लिए बीच में चल आये कि
आप कर सकें फिर कुछ संवाद, मतलब-बेमतलब के
और हॉल में सिन्दूर लगाये बैठी पत्नी के उस पार
गर्ल फ्रेंड से अगले मिलन की तारीख तय कर आयें

ज़िन्दगी में कहाँ होती है 35 एमएम की रील
तीन घंटे की फ़िल्म के बाद
जब पुराने नेपकिन को फेंक आते हैं
उस डस्टबिन में
तो ज़िन्दगी के बाकी बचे अंश
फ़िल्म के किसी दरकते हिस्से के साथ सरकते हुए
साथ आते तो ज़रूर हैं
पर कार की खुली खिड़की
मन के बन्द दरवाज़ों
और बुने जाते सतत फन्दों के बीच
वो सारा धुआँ कहीं उड़ जाता है

मन के पंछी को रोक कर
और नकली संवादों को डस्टर से मिटा कर
कभी अपनी ज़िन्दगी पर
एक सच्ची फ़िल्म बना कर देखा है क्या

बस, वही एक फ़िल्म होगी
जो ब्लॉकबस्टर होगी
इस ख़याल को
लॉक किया जाये क्या

सावन

घास होना बेहतर है पेड़ से
बाढ़ आये तो झुक लिए
धूप आयी तो सह लिए
प्यास में भी रह लिए
लड़की और घास कहीं भी जी लेते हैं
यह बात अलग है
इसका विज्ञापन कहीं छपता नहीं

खाली हाथ

बेटी और बेटे के पेट में
और आह में
बहुत फ़र्क़ होता है
ठीक उसी तरह
जैसे बेटी और बहू की पीड़ा में
शब्दकोश में सारे दर्द एक ही तरह परिभाषित हैं
और सारे सुख भी
शब्दकोश ज़िन्दगी नहीं हो सकते
जैसे ज़िन्दगी नहीं हो सकती शब्दकोश

फिर भी सभी टटोलते हैं
शब्दकोश भी, ज़िन्दगी भी
और तब भी रहते हैं
हाथ खाली
आत्मा अतृप्त

अपराध के बीच

औरत की हैरानी की सड़क बहुत जल्दी छोटी पड़ जाती है
तमाम सरकारी ग़ैर-ज़रूरी मन को तोड़ती रस्मों से गुज़रने के बाद
न तो बाहर की बाढ़ हैरान करती है
न अन्दर का सूखा

अख़बार में सब फीका ही लगता है
ब्रेकिंग न्यूज़ भी सिर्फ़ मसखरी

मस्ती भरे गाने एक औपचारिक कहानी
और फूलदान के ताज़ा फूल एकदम कैक्टस

जलाये जाने की कोशिशों के बीच
जो भी औरत
ज़िन्दा बच जाती है
वह बदल जाती है

समाज के पास अब भी कोई व्याकरण नहीं
कि
वह यहाँ-वहाँ छूटे शब्दों को
आपस में जोड़कर
तस्वीरों का कोलाज बना
इस कहानी को पढ़ सके

हड़प्पा की लिपि को तुम पढ़ नहीं सके
यह जानते हो
अब इस दम्भ को भी तोड़ दो ज़रा
कि अपराध की सुरंग से गुज़रती औरत की लिपि भी
तुम्हारी साक्षरता के लैंस से अछूती है

हम

अट्टहास को सँभाल कर रखो
जितनी बार हँसोगे एक अदद औरत पर
उसके पल्लू से ढकी तक़दीर की लक़ीर
और गहरा जायेगी

परी

अब परियाँ सपने में नहीं आतीं
अब कोई सुनहली गुफा नहीं दिखती
अलादीन का चिराग भी नहीं
इन्द्रधनुष नहीं
क्योंकि सपने ही नहीं आते
सुख के तकिये पर सर हो
तभी तो आयें सपने
औरत के सपनों की पगडंडी बन ही कहाँ पायी

चुप्पी के बीच एक चूल्हा

चूल्हे पर चुप्पी रख दी
नीचे जलते कोयले
बाहर चलती हुई लू
और माथे की एक छोटी गोल किनारी के नीचे छिपी शिकन

चुप्पी रिस-रिस कर पिघल रही है
कोयले से ज्यादा गर्म हो उठी है चुप्पी
इस आँच में जो रोटी पकेगी
उसे यह समाज चाटेगा
शाम की पार्टी में जामों के साथ

उसके बाद बात होगी
बदलते समाज की
ट्विटर, फेसबुक और लिंक्डइन से जुड़ती एक मायावी दुनिया की
सब लाइक करेंगे स्टेटस एक-दूसरे का
बिना जुड़े किसी के भी साथ
सोशल के नाम पर पूरा झूठा संवाद और बातें चाँद के पार की

चूल्हा पुराना है
थका
बूढ़ा
पर चूल्हे से क्या छिपा है भला
चाँद की जेब में जो रोटी का टुकड़ा है
लाखों तारों के बीच भी
उसकी रोशनी कम नहीं हो सकती

चाँद, चुप्पी और रोटी के बीच
जो है, वो आज भी अनकहा है

हसरतें

बेटे के पालने में
झूम रहा था झुनझुना
ताकि बेटा देखे
मुस्कुराये
सीखे
हिलते-हिलते छलना

बेटी पैदा होते ही
ज़मीन पर रख दी गयी
ताकि ज़मीन से सीखे
सहनशीलता
बेटी को और क्या चाहिए?

एंकर

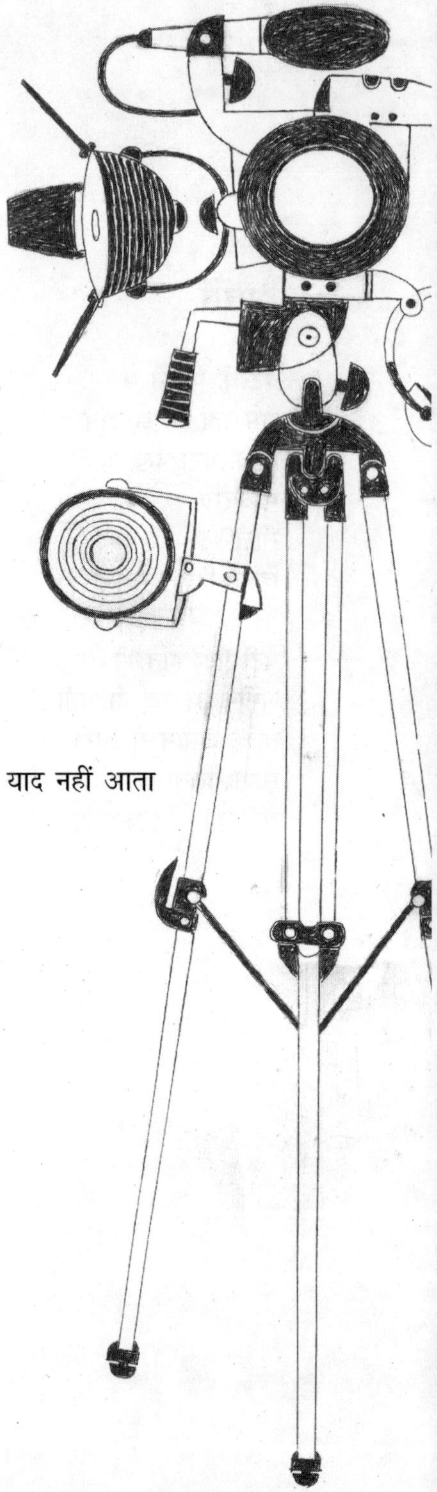

पथरीली सड़क पर भागती
धूल के गोले का पाउडर लगाती
लटों में माथे के बल छिपाती
भूख दबाती
पीड़ा पीती
रिपोर्टर की परिभाषा ये है
मैं तो न जानती थी

कैमरा, लाइट, ट्रायपॉड
इन उपकरणों के नीचे से झाँकतीं तुम
तुम औरत भी हो—यह तो भूले से भी याद नहीं आता

आईलाइनर और आई शैडो के बीच
ये जो तुम्हारी आँखें हैं न
वो भाषा के आगे की चीज़ है
तुम्हारी लिपि पढ़ना बस का नहीं

उसका पता

सड़क किनारे खड़ी औरत
कभी अकेले नहीं होती
उसका साया होती है मजबूरी
आँचल के दुख
मन में छिपे बहुत से रहस्य

औरत अकेली होकर भी
कहीं अकेली नहीं होती

सींचे हुए परिवार की यादें
सूखे बहुत से पत्ते
छीने गये सुख
छीली गयी आत्मा

सब कुछ होता है
ठगी गयी औरत के साथ

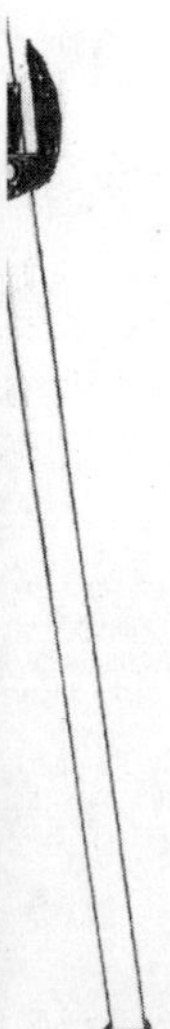

औरत के पास
अपने बहुत से सच होते हैं
उसके नमक होते शरीर में घुले हुए

किसी से संवाद नहीं होता
समय के आगे थकी इस औरत का

सहारे की तलाश में
मरुस्थल में मटकी लिए चलती यह औरत
साँस भी डर कर लेती है
फिर भी
ज़रूरत के तमाम पलों में
अपनी होती है

वामा से वामा तक

आँसू बहुत से थे
कुछ आँखों से बाहर
कुछ पलकों के छोर पर चिपके
और कुछ दिल में ही

सालों से अन्दर मन को नम कर रहे थे

आज सभी को बाहर बुला ही लिया
आँसू सहमे
उनके अपने डर थे
अपनी सीमाएँ
पर आज आदेश मेरा था
गुलामी उनकी

हाँ, आमन्त्रण था
अटपटा सा

पर आँसुओं ने मन रखा
तोड़ा न मुझे तुम्हारी तरह
वे समझते थे मुझे
और मैं उन्हें एक साथी की तरह

आज इन्हें हथेली पर रखा
बहुत देर तक देखा
लगा

एक पूरी नदी उछल कर मुझे डुबो देगी
पर मुझे डर न था
मारे जाने की सदियों की धमकियों के बीच
मन ठहरा था आज

तब देखे आँसू बहुत देर तक मैंने
फिर पी लिया

मटमैला, कसैला, उदास, चुप, हैरान स्वाद था
मेरे अपने ही आँसुओं का

आज की तारीख़
इनकी मौत है
पर इनकी बरसी नहीं मनेगी
कृपया न भेजें मुझे कोई शोक सन्देश।
जितना सच शक्ति की उपासना का झूठ है
उतनी ही सच्ची हैं अनकही गाथाएँ

सुर

कोई सुर अन्दर ही बजता है कई बार
दीवार से टकराता है
बेसुरा नहीं होता फिर भी

कितनी ही बार छलकता है ज़मीन पर
पर फैलता नहीं

नदी में फेंक डालने की साजिश भी तो हुई इस सुर के साथ बार-बार
सुर बदला नहीं

सुर में सुख है
सुख में आशा
आशा में साँस का एक अंश
इतना अंश काफ़ी है
मेरे लिए, मेरे अपनों के लिए, तुम्हारे लिए, पूरे के पूरे ज़माने के लिए
समय की साँसें कहानियाँ
इसी सुर में बसी हैं

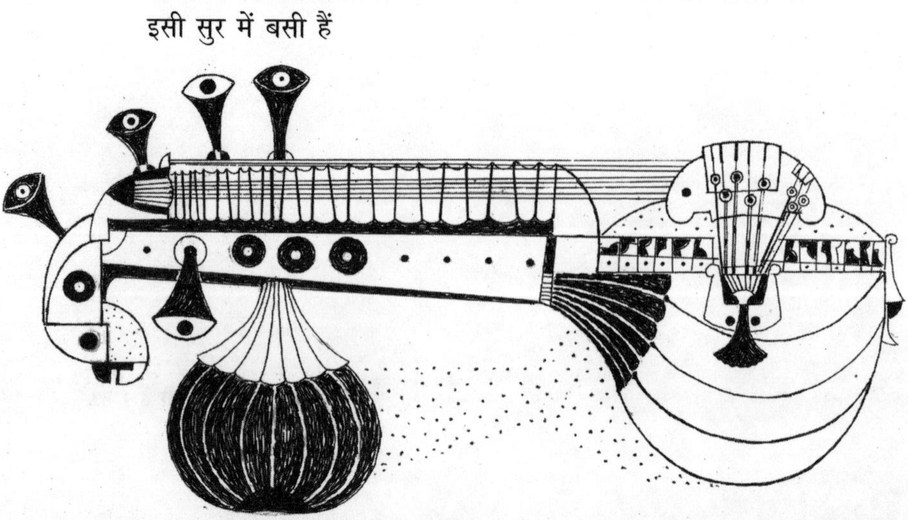

इस मरुस्थल में

उन दिनों बेवजह भी बहुत हँसी आती थी
आँसू पलकों के एक कोने में डेरा डालते पर
बाहर आना मुमकिन न था

मन का मौसम कभी भी रुनझुन हो उठता
उन दिनों बेख़ौफ़ चलने की आदत थी
आँधी में अन्दर एक पत्ता हिलता तक न था

उन दिनों शब्दों की ज़रूरत पड़ती ही कहाँ थी

उन दिनों
सपने, ख़्वाहिशें, खुशियाँ, सुकून
सब अपने थे
उन दिनों जो था
वो इन दिनों किसी तिजोरी में रक्खा है
चाबी मिलती नहीं

शायद यही हो वो

आकाश के फाहे निस्पन्द
ऊनी स्वेटर बुनती चोटियों के बीच में से गुजरते हुए
कभी रोक पाये इनकी उड़ान क्या।

समय मौन था
सोचता
सृष्टि क्यों, कैसे, किस पार जाने के लिए रची ब्रह्मा ने

आत्माएँ चोगा बदलतीं
आसमान की तरफ़ भगभगातीं प्रतिपल
शरीरों के दाह संस्कार
पानी में तैरते बचे आँसुओं के बीच
इतना बड़ा अन्तर

निर्माण, विनाश, फिर निर्माण की तमाम प्रक्रियाओं में
समय की बाँसुरी बजती रही सतत
वो सूक्ष्म-सा दो पैरों का जीव
इतनी क्षणभंगुर ज़मीन पर भी
गर्वित हो चलता कितना अज्ञानी

ज्ञान-अज्ञान, वैराग-अनुराग की सीमाओं से उठ पाना ही है
शायद
जीवन का सार

धर्म की ख़ातिर

मैं परी हूँ,
सपनों से भरी हूँ
अपनी बात की खरी हूँ
पर फिलहाल सिर्फ़ एक कड़ी हूँ
चुप्पी में मैं धरी हूँ
अधिकारों के लिए लड़ी हूँ
पाँवों पर खड़ी हूँ
तब भी कितनी डरी हूँ

गाथा

किसी भी समन्दर में
औरत की आँखों जितना पानी नहीं होता
पर सच यह भी है
कि दुख जब पुराने पड़ जाते हैं
तो जाने कैसे सुख बन जाते हैं
दुख के मनके तुलसी हो जाते हैं
सीने में दबे कविता के खँडहर कर लेते हैं उसे अपने वश में
और मोरपंख से लिखने लगते हैं
सदियों की कहानियाँ

सम्भावना

पतंग को हवा के हवाले किया
बिखर गये, छितर गये उसके रंग फ़िज़ा में
पतंग लौटी नहीं
आसमान में भेजी प्रार्थनाएँ
सितारे बन चमकती-दमकती रहीं
किसी ने बाँचा तो होगा ही उन ख़तों को
कितनी नर्म होती हैं दिलासा
कहती है—
सम्भावनाएँ लौटा नहीं करतीं
बनी रहती हैं

रियासत

किसी सरहद से बाहर की हैं मेरी कविताएँ
इनके झरने ख़ुद ही बनाये हैं मैंने
इस शहर का पता मेरी मुट्ठी में
यहाँ झूले सुख की हवा में उड़ान भरते हैं
यहाँ सबकी ज़मीन है
सबका आसमान
औरत होने का जश्न
सरहदों के पार जाने वाली कविता जैसा ही है
ख़ुद बनाये झरने
कभी सूखते हैं क्या भला

सादर

आभार तुम्हारा

कि तुम अगर न देते अपमान
दर्द
धोखा
पेट पर पाँव न मारते
दर्द से फटते रानी के सिर को उधड़ी ज़मीन पर न पटकते
तो वह वाकई वह न होती

आभार
कि तुम अगर उसे गाली न देते रोज़
चुटकी भर आसमान को न छीनते
साँसों पर पहरे न रखते
तो वह वाकई वह न होती

आभार
इस अपमान ने रात के हर पहर याद दिलाया
अपनों से मिला धोखा
कितना नमकीन होता है

पर यह भी जानो
ज़मीन, आसमान, हल्दी लगी तस्वीरें
सब छीने जाने के बाद भी
रानियाँ जी ही लेती हैं

धमकियों की सरहदें जहाँ ख़त्म होती हैं
रानियों की यात्रा वहाँ से शुरू होती है

यात्रा शुरू हुई है
बस, अभी ही

हाँ, कहा था उस रोज़ रानियों ने
थी. हूँ.. रहूँगी...
आज कहती हैं
रहूँगी. रहूँगी.. रहूँगी...

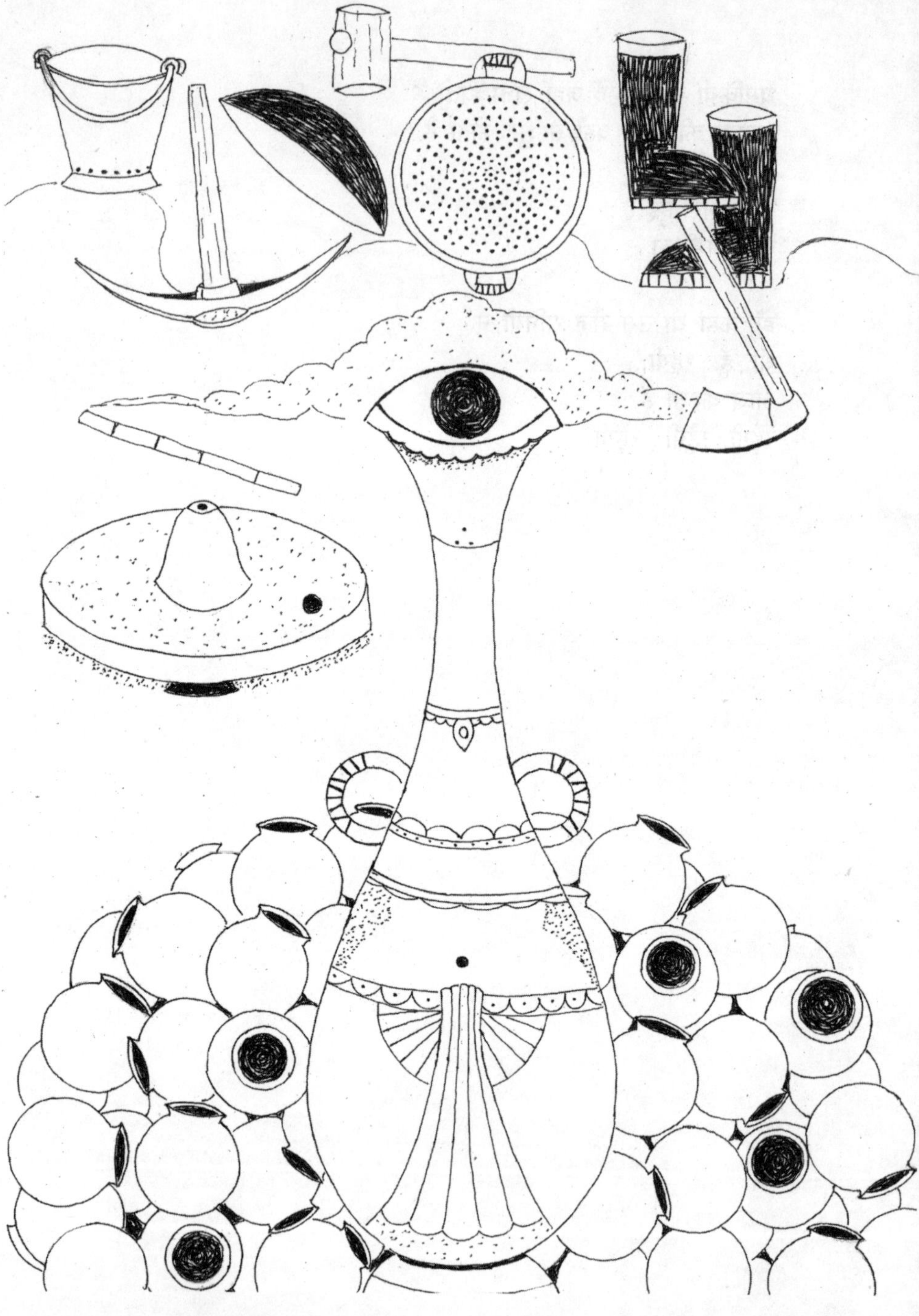

उत्सव

किसी एक दिन की दीवाली
एक होली
एक दशहरा
मैं क्यों जोड़ूँ अपने सपनों को किसी एक दिन से
एक दिन का फादर्स डे
एक दिन का मदर्स डे
एक दिन की शादी की सालगिरह
माँगे हुए उत्सव
या कैलेंडर के मुताबिक आते उत्सव
सरकारी छुट्टी की कमी भर सकते हैं
खाली पड़े पारिवारिक तकियों में रूई भी
पर अन्तस भी भरे उनसे
ज़रूरी नहीं

अपना उत्सव ख़ुद बनना
अपनी होली ख़ुद
अपनी पिचकारी
अपनी रंगोली भी
किसी सूखे पत्ते पर
दो बूँद पानी की डाल
किसी पेड़ की डाल से चिपक कर संवाद
और किसी खाली मन में सपनों की फुलकारी भर
बुनी चारपाई पर बैठ

चाँद को देखा जो मैंने
तो उत्सव कहीं दूर से उड़ कर
गोद में आ बैठे

मैं जानती हूँ
ये उत्सव तब तक रहेंगे
जब तक मेरे मन में रहेगा
सच

थोड़ा है, थोड़े की ज़रूरत है

अंगारों जैसे फ़रेब
अँजुरी में भर-भरकर
पी लेने के बाद
शुरू होती है ज़िन्दगी
उसके लक्षण भी दिखते हैं बहुत साफ
हर बात पर ढलकने वाले आँसू
जब बे-बात हँसी में
तब्दील होने लगते हैं
तो ज़िन्दगी की कहानी का
नया पन्ना खुल जाता है

आधी आबादी का छोटा हिस्सा ही
कर पाता है ऐसा
अपराधी को औरत का ज़रूरी जवाब
आँसू नहीं
हिम्मत से लबरेज
उसकी हँसी देती है

विनाश
इसी हँसी को थामे
धीमे से चलकर आता है

विराम

इतने बड़े पुलिन्दे के बाद
अब कविता लिखना बन्द

अब कविता जीने का काम शुरू
कविता सिलाई की मशीन में रहेगी
और मशीन से चलेगी गृहस्थी

इसे ही कहते हैं महिला सशक्तीकरण

बात इतनी थी कि...

रानियाँ हमेशा रहेंगी
राजा भी
चौबारे भी
हरम भी
और नयी रानी को लाने के लिए चालबाज़ियाँ और साज़िशें भी
सरपंच भी राजा का ही होगा
शतरंज की बिसात भी
लश्कर भी
पंचायत भी
और कायदे की किताब भी
सरहदें भी राजा तय करेगा
और गवाहियाँ भी
पर अब सब बदल रहा है, बदलना ही होगा
ऐलान कि
राजा के तहखाने में जहाँ छिपाई गयी है चाबी
वो किसी दिन रानी के हाथ आ जाये
रानी तो माफ़ कर ही देगी
राजा के सारे गुनाह
पर दुनिया भी जानेगी
एक राजा और एक चाबी—कैसी थी साज़िशों की कहानी
वह सुबह कभी तो आयेगी
ज़रूर आयेगी...

❑❑

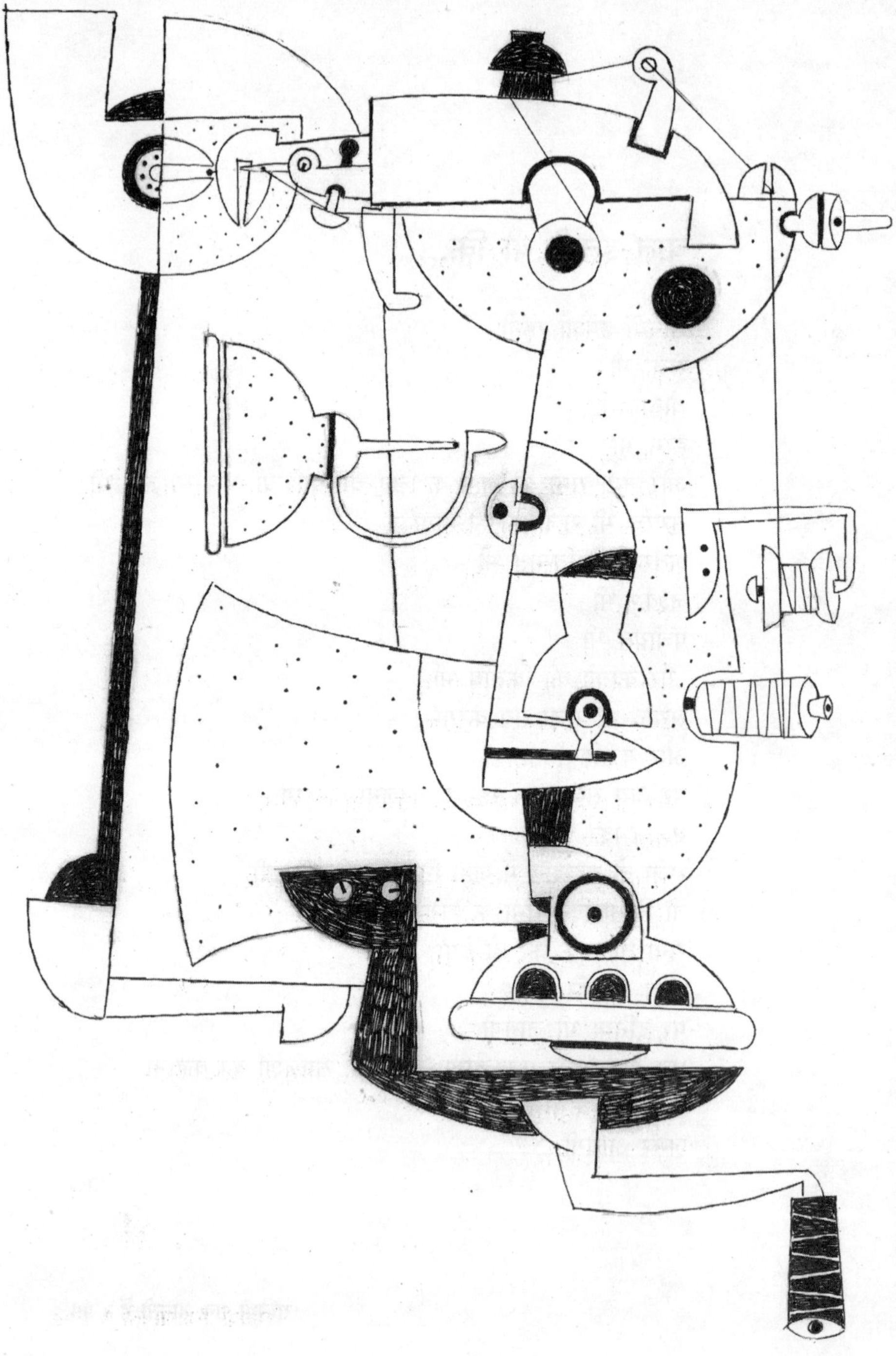